BEI GRIN MACHT S
WISSEN BEZAHLT

Mona Mähler

Peter Singer - Bioethik aus der präferenzutilitaristischen Perspektive

GRIN Verlag

Bibliografische Information der Deutschen Nationalbibliothek:

Die Deutsche Bibliothek verzeichnet diese Publikation in der Deutschen National-
bibliografie; detaillierte bibliografische Daten sind im Internet über http://dnb.d-
nb.de/ abrufbar.

Impressum:

Copyright © 2007 GRIN Verlag GmbH
Druck und Bindung: Books on Demand GmbH, Norderstedt Germany
ISBN: 978-3-656-05967-7

Dieses Buch bei GRIN:

http://www.grin.com/de/e-book/83048/peter-singer-bioethik-aus-der-praeferenzu-
tilitaristischen-perspektive

GRIN - Your knowledge has value

Der GRIN Verlag publiziert seit 1998 wissenschaftliche Arbeiten von Studenten, Hochschullehrern und anderen Akademikern als eBook und gedrucktes Buch. Die Verlagswebsite www.grin.com ist die ideale Plattform zur Veröffentlichung von Hausarbeiten, Abschlussarbeiten, wissenschaftlichen Aufsätzen, Dissertationen und Fachbüchern.

Besuchen Sie uns im Internet:

http://www.grin.com/

http://www.facebook.com/grincom

http://www.twitter.com/grin_com

Peter Singer:

Bioethik aus der präferenzutilitaristischen Perspektive

Inhalt

1. Einleitung

Diese Hausarbeit soll einen Überblick geben über die Bioethik von Peter Singer, die er in seinem Buch *Praktische Ethik* entwickelt. Da seine Ethikkonzeption auf dem Utilitarismus basiert, möchte ich zunächst eine Einführung in dieses ethische Konzept geben und seine wichtigsten Vertreter kurz vorstellen. Anschließend möchte ich mich näher mit Peter Singer beschäftigen und die wichtigsten Ansätze und Konzepte darlegen, wobei ich mich auf die bioethisch relevanten Prinzipien beschränken werde. Ich will versuchen, einen Einblick in den von Singer entwickelten Präferenzutilitarismus und die daraus folgenden Konsequenzen zu geben und ein grundlegendes Verständnis für Singers Gedankengut und die damit verbundenen Kontroversen zu vermitteln.

2. Der Utilitarismus

Der Utilitarismus ist ein philosophisches Konzept, das sich hauptsächlich mit ethischem Fragestellungen beschäftigt und auf hedonistischen bzw. eudämonistischen Prinzipien beruht. Der Utilitarismus befürwortet Handlungen, durch die ein größtmögliches Maß an Glück entsteht, wobei mit Glück die Gesamtsumme des Glücks bzw. Unglücks jedes einzelnen Individuumsgemeint ist. Der Utilitarismus ist außerdem konsequentialistisch und universalistisch, da er sich mit den möglichen Folgen von Handlungen befasst und das Glück und Leid jedes Menschen gleichermaßen in ethische Überlegungen mit einbezieht. Eingeführt wurde die utilitaristische Ethik in Europa im 18. Jahrhundert von Jeremy Bentham, dem John Stuart Mill folgte. Der klassische Utilitarismus von Bentham und Mill beeinflusste viele anderen Philosophen und wurde in viele Richtungen weiterentwickelt, unter anderem von Henry Sidgwick, John Rawls und auch Peter Singer.[1]

2.1 Jeremy Bentham

Jeremy Bentham (1748 - 1832) war ein englischer Philosoph und Begründer des Utilitarismus. Er formuliert in seiner Schrift *Einführung in die Prinzipien von Moral und*

---

[1] Vgl. Wikipedia: Utilitarismus.

Gesetzgebung das Prinzip des Nutzenkalküls (Hedonistischer Kalkulus), nach dem man im Falle einer Entscheidung zwischen zwei möglichen Handlungen diejenige wählen soll, die das größtmögliche Glück für alle Beteiligten bringt. Dabei ist es möglich, Glück und Unglück gegeneinander aufzurechnen und eine Gesamtbilanz aufzustellen; das Glück ist also empirisch messbar. Als Kriterien bei der Kalkulation des Gesamtnutzens einer Handlung sollen unter anderem die Dauer, Intensität und Wahrscheinlichkeit eines Glücks oder Leides gelten. Bentham formuliert außerdem vier Teilkriterien, die die Rationalität einer Handlung ausmachen. Zum einen wird das Folgenprinzip formuliert, das besagt, dass eine Handlung nach ihren Konsequenzen beurteilt werden muss und nicht aus sich selbst heraus richtig sein muss, wie es in deontologischen Ethikkonzepten gefordert wird. Das zweite Kriterium ist das bereits erwähnte Nutzenprinzip, gefolgt vom hedonistischen Prinzip, das besagt, dass „als höchster Wert die Erfüllung der menschlichen Bedürfnisse und Interessen gilt: das menschliche Glück"[2]. Zu guter letzt führt Bentham das universalistische Prinzip ein, nach dem man das Glück aller Betroffenen berücksichtigen muss. Zweck und Ziel eines jeden Handelns ist die Maximierung der Glückseligkeit, das größtmögliche Glück der größtmöglichen Anzahl; nur bei Erfüllung der oben genannten Kriterien ist eine Handlung rational und moralisch richtig.[3]

2.2 John Stuart Mill

John Stuart Mill (1806 – 1873) war Schüler Benthams und entwickelte dessen Utilitarismuskonzept weiter. Für Mill ist ebenfalls das Prinzip des größten Glücks die Grundlage der Moral.[4] Im Gegensatz zu Bentham unterscheidet er aber nicht bloß Quantitäten, sondern Arten des Glückes, verschiedene Glückswerte, wodurch sich über das rein utilitaristische eine höhere ethische Norm erhebt. Mill kommt zu dem Schluss, dass „einige Arten der Freude wünschenswerter und wertvoller sind als andere"[5] und schreibt dem Glück unterschiedliche Qualitäten zu, so stellt er beispielsweise geistiges Glück höher als sinnliches.[6] Über die qualitative Höhe des Glücks sollten diejenigen entscheiden, die aufgrund ihrer Erfahrungen die besten Vergleichsmöglichkeiten besitzen.[7] Mill schlägt also ein auf

---

[2] Höffe, Otfried (Hrsg): Einführung in die utilitaristische Ethik, S. 10.
[3] Vgl. ebd., S. 12 ff.
[4] Vgl. Mill, John Stuart: Der Utilitarismus , S. 13.
[5] Ebd., S. 15.
[6] Vgl. ebd., S. 16 ff.
[7] Vgl. ebd., S. 19 f.

Erfahrungswerten basierendes Wertungssystem vor, mit dem das Ziehen eine Gesamtbilanz möglich ist und dessen Ziel die Glücksmaximierung ist.

2.3 Handlungs- und Regelutilitarismus

Man unterscheidet als Hauptzweige des Utilitarismus den Handlungs- vom Regelutilitarismus.

Im Handlungsutilitarismus sind Moralregeln bloße Faustregeln, es erfolgt eine Anwendung des utilitaristischen Prinzips auf den individuellen Einzelfall. Jede Handlung wird nach ihren möglichen Konsequenzen und ungeachtet dessen, was für eine Handlung vorliegt, beurteilt. Vorteile dieses Vorgehens sind Praxisnähe und eine situationsangemessene Handlungsweise.

Der Regelutilitarismus hingegen begreift Moralregeln als verbindliche Regeln, die auf jede Handlung anzuwenden sind. Er subsummiert die Einzelfälle unter eine Handlungsregel und bewertet dann diese Regel nach dem utilitaristischen Prinzip. Eine Handlung ist demzufolge richtig, wenn sie einer Handlungsregel entspringt, deren Befolgung im Vergleich zu anderen Handlungsregeln die nützlichsten Folgen hat.[8]

2.4 Kritik und Grenzen

Der klassische Utilitarismus ist zahlreichen Kritikpunkten ausgesetzt. Zunächst ergibt sich das Problem, wie genau die einzelnen Arten des Glücks gewichtet werden sollen. Die vollständige Beurteilung einer Handlung scheint durch fehlende Vergleichbarkeit und Subjektivität in der Beurteilung oft ungerecht und nahezu unmöglich zu sein.

Der Utilitarismus tritt oft in Konflikt mit anderen ethischen Konzepten, da er außer dem Glück als höchstem Gut keinerlei anderen Gütern wie zum Beispiel Gleichheit, Gerechtigkeit oder Freiheit einen Wert an sich beimisst. Damit widerspricht er dem allgemeinen Moralverständnis.

Der Utilitarismus erkennt außerdem die Unverletzlichkeit der Menschenwürde nicht an, da es nach dem utilitaristischen Prinzip rational sein könnte, einen Menschen zu demütigen oder gar zu töten, wenn daraus ein größerer Nutzen für die Allgemeinheit entsteht. Höffe ist sogar der Ansicht, der Utilitarismus stelle „eine Art von Kollektivegoismus dar, dem eine Unterdrückung oder Benachteiligung von Minderheiten, selbst eine Verletzung

---

[8] Vgl. Wikipedia: Utilitarismus.

unveräußerlicher Menschenrechte erlaubt ist"[9]. Demnach steht der Utilitarismus zur Gerechtigkeit im Widerspruch.

3. Peter Singer

Peter Singer wurde am 6. Juli 1946 in Melbourne, Australien geboren und hat in Oxford, an der New York University, an der La Trobe University und der Monash University in Melbourne gelehrt. 1999 wurde er als Professor für Bioethik an die Princeton University berufen. Er präsentiert in seinem Buch *Praktische Ethik* einen auf dem Utilitarismus basierenden ethischen Ansatz, den er speziell auf Probleme der Bioethik wie Euthanasie und Abtreibung anzuwenden versucht.

3.1 Konzeption der Ethik

Für Singer muss Ethik auf praktische Probleme anwendbar sein. Sie sollte nicht deontologisch, nur im Kontext von Religion plausibel oder relativ bzw. subjektiv sein. Stattdessen soll Ethik universal und utilitaristisch sein. Diese beiden Merkmale harmonieren miteinander, da ein universaler Standpunkt impliziert, dass alle Interessen, egal wessen, die gleiche Wertung erfahren. Als Konsequenz muss man die Interessen aller im Hinblick auf die Konsequenzen einer Handlung berücksichtigen, was auf Glücksmaximierung und damit auf das utilitaristische Prinzip hinausläuft.[10]

3.2 Prinzip der gleichen Interessenabwägung

Das grundlegende Prinzip in Singers Ethikkonzeption ist das Prinzip der gleichen Interessenabwägung. Er sieht Gleichheit als „ein grundlegendes moralisches Prinzip, nicht eine Tatsachenbehauptung"[11]. Interessen sollen daher unparteiisch abgewogen werden, unabhängig von Rassen- oder Geschlechtszugehörigkeit; dies ist die einzige mögliche Basis für die Gleichheit aller Menschen, da Menschen ansonsten (von Geschlecht, ethnischer Zugehörigkeit, Aussehen etc. her) einfach nicht gleich sind. Als Konsequenz schließt das

---

[9] Höffe, Otfried (Hrsg): Einführung in die utilitaristische Ethik, S. 45.
[10] Vgl. Singer, Peter: Praktische Ethik, S. 28 ff.
[11] Ebd., S. 39.

Prinzip auch Angehörige anderer Spezies mit ein. Das Prinzip der gleichen Interessenabwägung sichert den universalistischen Aspekt der Ethik, da die Interessen von jedem Individuum (auch nichtmenschlichen) gleich gewichtet und berücksichtigt werden.[12]

3.3 Begriff der Person

Singer teilt die Lebewesen in *Personen* und andere Wesen ein. Eine *Person* weist das spezielle Merkmal auf, dass sie „sich seiner selbst als einer distinkten Entität bewusst ist, mit einer Vergangenheit und Zukunft"[13].Eine *Person* ist empfindungsfähig, autonom und hat ein Interesse an etwas, hat also ein kontinuierliches Identitätsbewusstsein über die Zeit hinweg. Laut Singer kann man nicht nur Menschen, sondern auch bestimmte Tiere (z. B. Menschenaffen) zu den *Personen* zählen. Außer den *Personen* gibt es noch bewusste und nicht bewusste Wesen. Den nicht bewussten (z.b. Pflanzen) kann man keine Rechte zusprechen, die bewussten (z. B. Fische) haben ein Recht auf Leidensminderung.[14]

3.4 Präferenzutilitarismus

Singer entwickelt eine neue Variante des Utilitarismus, den Präferenzutilitarismus. Dieser überprüft den Grad der Übereinstimmung von der Präferenz eines Individuums mit den Konsequenzen einer Handlung. Der Begriff Präferenz bezeichnet hier allgemein jedes Interesse eines Wesens; es ist also nicht nur den Wunsch gemeint, welcher zum Zeitpunkt der Handlung vorliegt, sondern eher die grundsätzlichen Interessen des betroffenen Wesens. Die Handlung ist genau dann moralisch gut, wenn Präferenz und Konsequenz sich decken. Hieraus folgt, dass die Vereitelung von Präferenzen nicht tolerabel ist, es sei denn, man kann diese Präferenz durch entgegengesetzte Präferenzen ausgleichen. Singer macht hierbei allerdings einen Unterschied zwischen *Personen* und anderen Wesen, wobei das Missachten der Präferenzen einer *Person* schwerer wiegt.[15]

3.5 Totalansicht

Betrachtet man eine Handlung aus der Perspektive der Totalansicht, so ist es nicht von Belang, ob eine Glücksmaximierung durch Vermehrung des Glücks existierender Wesen oder

---

[12] Vgl. Düwell, Marcus: Utilitarismus und Bioethik, S. 62 ff.
[13] Singer, Peter: Praktische Ethik, S. 123.
[14] Vgl. ebd., S. 123 ff.
[15] Vgl. ebd., S. 128 ff.

durch die Vermehrung der Zahl von Wesen erreicht wird. Daher sind nach der Totalansicht alle Wesen beliebig durch andere ersetzbar. Die Totalansicht würde als Konsequenz zu einer moralischen Verpflichtung der Kindeszeugung führen, falls das Glück der gezeugten Kinder ihr Unglück über die Dauer ihres Lebens gerechnet überwiegt.[16] Die Totalansicht würde das Töten eines Wesens legitimieren, falls es durch ein anderes, das ebensoviel oder mehr Glück empfinden kann, ersetzt würde.

3.6 Vorherige-Existenz-Ansicht

Aus der Perspektive der Vorherigen-Existenz-Ansicht werden nur Wesen berücksichtigt, die zum Zeitpunkt der Handlung schon existieren bzw. unabhängig von der Handlung existieren. Lebewesen sind damit nicht ersetzbar; es wäre also falsch, ein Wesen zu töten, das wahrscheinlich mehr Glück als Unglück in seinem Leben fühlen würde.[17]

3.7 Ist Töten unrecht?

Singer distanziert sich davon, das Unrecht des Tötens mit der Heiligkeit des menschlichen Lebens zu begründen. Er betrachtet dieses Dogma nur als „Ausdruck dafür, dass menschliches Leben einen besonderen Wert hat"[18], nicht aber im wörtlichen Sinn. Er versucht, sich von einer religiösen Begründung unabhängig zu machen und stattdessen ein rationales Argument zu finden. Singer argumentiert, das Töten einer *Person* sei eine Handlung, die ganz klar den Präferenzen dieser *Person* entgegenstehe und damit im Sinne des Präferenzutilitarismus moralisch falsch sei. Singer geht sogar soweit, *Personen* ein Recht auf Leben zuzusprechen; allerdings bezieht sich dieses Recht nicht auf andere Lebewesen, denn „wenn das Recht auf Leben das Recht ist, weiterhin als eine distinkte Entität zu existieren, dann ist der für den Besitz des Rechts auf Leben relevante Wunsch der Wunsch, weiterhin als eine distinkte Entität zu existieren"[19]. Diese Fähigkeit besitzen bekanntlich nur *Personen*. Für bewusste Lebewesen, die aber nicht selbstbewusst sind, gilt das Recht auf Leben nur mit Einschränkungen; hier muss man abwägen, ob Glück oder Unglück überwiegt, wenn man das Wesen tötet. Nach dem klassischen Utilitarismus muss man auch bedenken, dass *Personen* fähig sind, ihren eigenen Tod zu fürchten. Die Tötung von *Personen* hat daher eine

---

[16] Vgl. ebd., S. 160 ff.
[17] Vgl. ebd., S. 159 ff.
[18] Ebd., S. 116.
[19] Ebd., S. 131.

angsteinflößende Auswirkung auf andere *Personen*. Das wiederum vermehrt deren Unglück und steht somit dem utilitaristischen Prinzip entgegen. Dieses ist ein weiteres (indirektes) Argument gegen das Töten von *Personen*. Außerdem plädiert Singer für die Respektierung der Autonomie von *Personen*, was ebenfalls gegen das Töten spricht.[20]

3.8 Tierethik

Singer erläutert, dass nach dem Prinzip der gleichen Interessenabwägung Gleichberechtigung nicht gleiche Rechte oder gleiche Behandlung für alle Individuen bedeuten kann, wohl aber gleiche Berücksichtigung der Interessen verschiedener Wesen. Außerdem benennt er die Befähigung, Leid und Glück zu verspüren, als das ausschlaggebende Merkmal eines Wesens, dessen Interessen berücksichtigt werden sollten. Der Zugehörigkeit eines Lebewesens zu einer bestimmten Art misst er hingegen keine moralische Relevanz bei; er wendet sich damit gegen den Speziesismus. Er kritisiert, dass in der Praxis selbst triviale Interessen des Menschen Priorität gegenüber vitalen Interessen der Tiere haben. Singer argumentiert also, dass bewusste Lebewesen aufgrund ihrer Leidensfähigkeit das gleiche Recht auf Berücksichtigung ihrer Interessen haben wie selbstbewusste Wesen.[21]

3.9 Abtreibung und Infantizid

Singer beschäftigt sich zunächst mit der biologischen Entwicklung eines menschlichen Wesens und kommt zu dem Schluss, dass die gängigen Trennlinien wie Geburt, Bewusstsein, Bewegung des Fötus oder Lebensfähigkeit in Bezug auf das Tötungsverbot keinen moralischen Unterschied machen. Singer kann sich noch am ehesten mit dem Kriterium der Leidensfähigkeit des Fötus, die ab circa der 18. Schwangerschaftswoche einsetzt, anfreunden. Bis zu diesem Zeitpunkt ist der Fötus für Singer ein nicht bewusstes Wesen ohne jegliche Rechte, vergleichbar etwa mit Pflanzen. Die gewichtigen Interessen der Mutter würden daher unter normalen Umständen jederzeit vor den rudimentären Interessen des Fötus Vorrang haben. Wenn allerdings das Bewusstsein und die Leidensfähigkeit vorhanden sind, besteht wie bei bewussten Wesen ein Recht auf Leidensminderung und Berücksichtigung der Interessen. Singer stellt damit Föten auf eine Stufe mit Tieren. Abtreibung ist dann noch akzeptabel, wenn dadurch größeres Unglück vermieden wird. Da Neugeborenen noch kein

---

[20] Vgl. ebd., S. 115 ff.
[21] Vgl. ebd., S. 147 ff.

Selbstbewusstsein zugesprochen werden kann, gelten für sie nach Singer die gleichen Prinzipien wie für Föten; sie fallen noch nicht in die Kategorie der *Personen*. Sowohl Abtreibung als auch Infantizid sind nach der Totalansicht legitim, falls der Fötus durch einen anderen ersetzt wird; nach der Vorherigen-Existenz-Ansicht muss man im Einzelfall abwägen, ob Glück oder Unglück überwiegt.[22]

3.10 Euthanasie

Singer unterscheidet zwischen drei verschiedenen Arten der Euthanasie: freiwillige, unfreiwillige und nichtfreiwillige. Der einfachste Fall ist die freiwillige Euthanasie, dies ist „Euthanasie auf Verlangen einer *Person*, die getötet werden will"[23]. In diesem Fall ist die Euthanasie moralisch zulässig und gerechtfertigt. Die unfreiwillige Euthanasie bedeutet, die *Person* ist nicht einverstanden. Dies wäre Gleichzusetzen mit Mord und ist daher aus den gleichen Gründen wie das oben besprochene Töten einer *Person* nicht zulässig. Der letzte Fall, die nichtfreiwillige Euthanasie, ist etwas komplexer. Hier ist das betroffene Individuum nicht mehr einwilligungsfähig oder war es nie. Singer sieht hierbei als wichtiges Kriterium die Lebensqualität. Er definiert diese wie folgt: „Wenn sie [die Individuen] keine Erlebnisse haben und auch niemals mehr welche haben können, dann hat ihr Leben keinen Wert an sich."[24] In diesem Falle wäre also Euthanasie moralisch gerechtfertigt, da hier keine Interessen verletzt werden können und es zur Leidminderung beiträgt. Singer sieht keinen Unterschied zwischen aktiver und passiver Sterbehilfe, da das Ergebnis das gleiche ist.[25]

4. Diskussion und Kritik

Peter Singers *Praktische Ethik* ist von vielen Gruppierungen sehr kritisch aufgenommen worden. Dafür gibt es verschiedene Gründe. Gerade in Deutschland ist seine Ethikkonzeption aufgrund des nationalsozialistischen Hintergrundes vehement abgelehnt worden. Behindertenorganisationen fürchten, Singer versuche Programme wie der während der Zeit des Nationalsozialismus durchgeführten Aktion T4 zur „Euthanasie lebensunwerten Lebens" zu legitimieren und das Leben von Behinderten als lebensunwert oder zumindest als qualitativ

---

[22] Vgl. ebd., S. 177 ff.
[23] Ebd., S. 226.
[24] Ebd., S. 245.
[25] Vgl. ebd., S. 225 ff.

minderwertig darzustellen.[26] Auch Tierrechtler, welche jede Form der Tötung von Tieren grundsätzlich ablehnen, kritisieren natürlich Ansatz und Konsequenzen von Singers Präferenzutilitarismus, obwohl Singer auf der anderen Seite Tiere eine große Zahl an Rechten zuspricht, die andere ihnen nicht geben würden. In jedem Fall formuliert Singer in seinem Buch sehr radikale Konsequenzen, die zwar logisch schlüssig aus seiner Argumentation zu folgern sind, aber dennoch in ihrer Tragweite schockieren. Daher ist es nicht verwunderlich, dass Singers Publikationen kontroverse Diskussionen hervorbringen und die Experten sich über seine Ansichten uneinig sind. Dies war von Singer vermutlich auch so beabsichtigt, um seine Thesen ins Zentrum der Aufmerksamkeit zu bringen. Insgesamt entwickelt Singer ein ethisches Konzept, das in sich schlüssig ist, mit dessen Ansätzen an sich aber sicher nicht jeder Ethiker übereinstimmen wird.

---

[26] Vgl. Kaplan, Helmut: Euthanasie und Emotion.

5. Literatur

Düwell, Marcus: Utilitarismus und Bioethik: Das Beispiel von Peter Singers Praktischer Ethik. In: Düwell, Marcus/ Steigleder, Klaus: Bioethik. Eine Einführung. Erste Auflage. Frankfurt am Main 2003.

Höffe, Otfried (Hrsg): Einführung in die utilitaristische Ethik: klassische und zeitgenössische Texte. 2. überarbeitete und aktualisierte Auflage. Tübingen 1992.

Kaplan, Helmut: Euthanasie und Emotion - Warum Peter Singers Thesen die Gemüter erhitzen. Abrufbar im Internet. URL: http://www.tierrechte-kaplan.org/kompendium/a128.htm. Stand: 19.5.2007.

Mill, John Stuart: Der Utilitarismus. Stuttgart 1976.

Singer, Peter: Praktische Ethik. 2. Auflage. Stuttgart 1994.

Wikipedia: Utilitarismus. Abrufbar im Internet. URL: http://de.wikipedia.org/wiki/Utilitarismus. Stand: 19.5.2007.